AF610768

Il successo è l'abilità di passare
da un fallimento all'altro
senza perdere l'entusiasmo.

Sir Winston Leonard Spencer Churchill

Via Del Campo 5\1
16124 Genova

editorialdeloimposible@gmail.com
www.editorialdeloimposible.wordpress.com

Christiane Casazza
IO AMO LE VALIGIE

a cura di Alessandro Prusso

Introduzione

La vita è strana, o meglio ha le sue logiche intime e interne che ci sfuggono con le loro leggi e la loro apparente imprevedibilità. E questo che vi racconto ne è un caso evidente.

Conobbi Christiane nel lontano 1985, al tempo, che sembra quasi quello di un altro mondo, della Milano da bere, ma non a Milano, bensì a Genova, dove lei gestiva un bellissimo atelier al secondo piano di un palazzo storico che dava su Piazza de Ferrari, lo ZETAUNO e lo gestiva fantasticamente: con tutta la sua vivace intelligenza, col suo fascino innato, con decisione, intraprendenza e coraggio, - una autentica vocazione per la bellezza - e quindi per la variante più comune che è appunto la moda. Per non dire di quei suoi incredibili occhi grigioverdi...che mi sedussero quasi involontariamente: infatti a poco a poco l'atelier, si riempì della mia gioia, della poesia, del mio giovane amore e di tanti, tanti bellissimi fiori, poi come si dice un po' banalmente, le strade si dividono, ed ecco che 26 anni dopo, i maya direbbero dopo due cicli cosmici compiuti, ecco che per quelle strane e divertenti diavolerie di *facebook*, il libro delle facce, e meglio si dovrebbe dire dei destini, ci si ritrova, quasi incredibilmente, lei ormai sposata, con una bellissima figlia, e la stessa identica passione per l'affascinate mondo della moda, e io sposato pure, con una terribile cilena, e con l'identico spleen, la stessa poetica inquietudine, di allora, sostanziata, ora, da una carriera ormai consolidata di poeta e pure di traduttore. Bene la variante importante qual'è, a parte il fatto che Christiane si è trasferita logicamente nella capitale della moda? È che anche Christiane, sì è lasciata sedurre dal potere incredibile della poesia, e in questa silloge, da sfogo a tutta la prorompente vitalità della sua anima, e manifesta con una certa poetica abilità la ricerca umana e spirituale che ha compiuto in questi lunghi e pur brevi anni, dalla nostra separazione. Forse che il *daimon* del poesia si agitava in lei già allora e per timidezza o delicatezza non mi disse nulla?

Chissà, non so neppure se chiederglielo, e non è poi così importante saperlo, ciò che conta ormai è godere, è condividere le squisite, sagge e così umane parole di questa inaspettata e imprevedibile silloge, e fare anche noi le valige e mettersi in viaggio, per gli *incredibili e nascosti cammini della bellezza*, in compagnia di Christiane e dei suoi occhi grigi-verdi, delle sue valigie.

Alessandro Prusso

Genova, 2 Marzo 2011

A voi
che mi state leggendo
per non perdere il desiderio di sperare e sognare

A te
che hai trovato un giorno
di nuovo il coraggio di soffrire e d'amare

All'**Amore**
che adesso, qui, tra noi esiste.

PENSIERI

L'amore non deve implorare e nemmeno pretendere,
l 'amore deve avere la forza di diventare certezza dentro di sé.
Allora non è più trascinato, ma trascina .
Herman Hesse

Al margine delle traccie di lacrime, impara a vivere.
Paul Celan

Nulla è perduto

Quando nella vita il tempo acquista un tempo
cambiano le prospettive e cambiano gli sfondi
il vissuto si allontana,
il presente diventa virtuale e il futuro sembra perduto.
L'incertezza e la confusione ci trasportano in un mondo onirico
dove cercare risposte
è allora che riusciamo a ricordare chi siamo:
uno spirito immortale
che gioca con il tempo per il gusto di vivere
e come
l'eco di parole che crediamo dimenticate
sappiamo che prima o poi faremo ritorno
per poterci re-incontrare
quando ci piacerà

Lasciarsi andare

Lasciarsi andare
oltre l'unico confine della vita,
dimenticare che un giorno ci fermeremo
e non per tutto così sarà.
Poter attingere l'energia nella profondità dell'esistenza
- leggeri e inconsistenti -
volare al di sopra di tutto.
Pensare solo con la mente
e riuscire ad amare solo con il cuore.

Speranza

traccia di luce nel buio
filo che ci tiene in vita
quale compagnia di desideri
è il colore di sogni
l'intensità degli umori
e l'ombra di un sorriso.

Inquietudine

Quando errore può diventare il tempo concesso,
il susseguirsi
di momenti sì e momenti no
prendono dimensione e potere
come estremi diversi e imprevedibili:
tra differenze e altre indifferenze
che nel bene e nel male si incontrano:
miscela di buio e di luce.

Chi siamo?

Ci sono alcuni momenti
quando la percezione della realtà
modifica i contorni della vita e ne sfuma i margini:
le barriere mentali si dissolvono e liberano il pensiero.
Il passato non è più lontano
il presente è dentro al futuro:
e il tempo perde il tempo.
E allora che oltrepassiamo i confini dell'essere…
Per trovarci in altre dimensioni
fondale per la nuova consapevolezza di esistere.
Ed è in questi momenti che ricordiamo
chi siamo
intravedendo risposte in quell'inizio che non ha mai fine.
Come spiriti immortali vaghiamo nell'eternità
alla ricerca perpetua del mai perduto
amore.

Bisogno d'amore

Momenti non vissuti di uno spirito imprigionato,
desideri incatenati che sognano libertà,
esperienze lasciate al vento dei nostri ricordi
cuori che piangono solitudine per il troppo bisogno d'amore.

Formula magica

Una formula magica è necessaria per sorridere:
per vivere il presente nel passato
per dare luce al futuro
per scaldarci in un'abbraccio che ci protegga
dal freddo delle notti
per fissare uno sguardo, se mai ci si ritrovi lontani,
per raccontare la nostra favola e non scrivere mai
La parola fine.

Magia

Ci trasporta nella sfida contro il tempo
impresa nell'imprevedibile.
Le avventure si susseguono
gli aspetti della vita si conquistano
le soluzioni arrivano all'orizzonte.
Un tramonto sfiora le nostre menti
sussurra ai nostri cuori:
quanto si incontra la magia
si può solo vivere in essa per sempre.

Poesia

Non voglio dimenticare
voglio bloccare i ricordi!!!
Sono entrata come in una favola,
sto vivendo in un mondo incantato
dove tutto è musica e poesia.
Gusto nuovi sapori
m'inebrio del suo profumo
mi scaldo con un suo bacio
prendo luce dal suo sorriso.
Sento la sua gioia e so di farne parte
ascolto il suo piacere crescere dentro il mio
mi fondo nel suo corpo e m'incorporo nel suo pensiero.
Scopro che nel perdermi mi ritrovo,
in quell'appartenergli, da sempre e per sempre.

DESTINO

Il destino non viene da lontano, cresce dentro ciascuno di noi

Herman Hesse

Incontro

Accade d'incontrarsi nella vita.
Accade di avere voglia di vivere le stesse emozioni.
Si sprigiona, allora, un momento di magia,
di poesia
e non sappiamo dove ci porterà quel percorso
sappiamo soltanto che non possiamo non viverlo
fino in fondo
fino all'ultimo attimo
nella tacita, ardente speranza
che anche l'altro faccia lo stesso.

Incantesimo

Come un incantesimo la vita cambia
tingendo di colori l'esistenza
Ti svegli la mattina dopo un'intensa notte d'amore
e di colpo sai che la tua vita, da lì in poi,
può avere solo un senso e
che in qualunque posto
in ogni situazione,
negli inevitabili compromessi,
è con te
è solo con te.
La solitudine diventa unione
vorresti rimanere lì
sempre lì
comunque lì..
circondata dalle tue forti braccia
nell'immersione totale di questo incontro perfetto.

Riflessione

Osservo l'emozioni formarsi dalla tua immagine
ascolto le percezioni provenienti dalla conoscenza
del tua stupenda essenza.
Sono tua, siamo noi
sempre più tua, sempre più noi:
non più per scelta ma quale irrinunciabile
condizione dell'esistenza
incrocio del destino oltre ogni volere,
oltre ogni desiderio
poiché non ci è dato di scegliere
non ci è dato di amare o vivere
non ci è dato di vivere o morire:
tutto o nulla.

Desideri nascosti

Tu e io
la realtà e il sogno si sono amalgamati
a tal punto, che non è possibile fare distinzione;
così mi lascio andare totalmente al moto ondoso della vita.
Quante riflessioni sorgono in questi momenti
d'infinita beatitudine che sopra a ogni
dubbio provo.
Mentre scruto l'orizzonte trovo il nostro di sempre
raccolgo percezioni future
saranno possibili realtà concatenate o desideri nascosti.
Ma nel bel mezzo di questo turbine di pensieri
la sola certezza è che ti ritroverò.
Mi lascio andare a questi momenti di dolcezza
immersa nell'orizzonte del tuo sguardo
chiudo gli occhi per percepire sempre più l'amore
trovarmi in paradiso sulla terra e capire che
la felicità non sono solo momenti
non è formata solo di sensazioni,
è una condizione in cui ci poniamo
nel darci per dare e avere per ricevere.
La felicità è un equilibrio d'energia, d'istinti e
quando nella maturità dello spirito collimano
il sentimento si trasforma in un esplosione d'impulsi.
Sento che saremo capaci di gestire questo dono
e desiderio comune, con la tua prudenza e la mia fantasia
il nostro percorso sta tracciando la sua rotta.

Vento del passato

Ho cercato l'amore amato
credevo d'amare
ero sicura di aver conosciuto l'amore.

Mi sbagliavo,
ero distante dalla verità,
lontana da oggi
lontana da *te*.
Ora ho raggiunto la consapevolezza d'essere
percepisco una metamorfosi latente
una trasformazione profonda,
non mi è dato di capire,
non mi è dato di razionalizzare.
La vita propria mi ha lasciato
il mio passato è solo un film in bianco e nero
i ricordi non sono più pedine importanti.

Decongestionata interiormente
m'abbandono a quest'infinito sentimento
uno spazio senza confini
luce su luce
che mi permette di
vedere quello che non vedevo
sentire quello che non udivo.

Conoscere il mio corpo

ascoltare le tue emozioni sovrapporsi alle mie
diventando una sintonia
in un unico desiderio.

Noi.

Silenzio

Ho cercato un momento di silenzio
lasciando andare il susseguirsi
dei momenti vissuti allo scorrere del tempo
ho sentito crescere l'intensità del nostro amore fino
all'interscambio dei nostri cuori
ho sentito oltrepassare i limiti fisici
nel mescolamento delle nostre cellule
ora lo spazio ha perso i confini e
la tua presenza è confermata dal solo pensiero
ho cercato di vivere per vivere
momento dopo momento
ho cercato di sentire senza ascoltare
vedere senza guardare
ho cercato di non cercare più
allontanando la speranza
ho cercato di dimenticare la storia annullando le esperienze
ho cercato di non capire e ho capito senza cercare
il segreto della felicità
il tuo amore
energia infinita
essenza dell'essere
luce sul nulla
risposta a tutto.

Destino

Credimi. Mi riscopro in te
nella tua lealtà
- estrema e sentita sincerità.
Perché io sono come te
mi ritrovo in te,
e ne gioisco
ascolto i tuoi pensieri e mi accorgo
che un filo sottile ci lega
unendo le nostre diversità in un'unione d'intenti.
Mi ritrovo in te
nel tuo sorriso che desidera il mio
gioia di incontrarti, speranza del nostro domani.
Sì, mi ritrovo in te
nell'unione dei nostri corpi
nell'estasi d'amore, in quell'intesa:
così intensa e speciale.
Mi ritrovo in te
e percepisco i tuoi stessi desideri
e ti sento sempre più vicino
sempre più mio.

Mi ritrovo in te
con la certezza di perdermi totalmente
per ritrovarmi di nuovo ma solo
tra le tue braccia.

Frontiera

Ti amo sempre di più
ho superato i limiti, che credevo di avere
cammino senza camminare
non guardo dove vado
non ho più bisogno di punti di riferimento
mi sono tuffata in questo amore,
mi lascio trasportare,
ho lasciato la mia vita indietro
e sto lasciando il mio passato alle spalle
per sentirmi immersa nel nostro presente
in un tempo senza tempo,
nel nostro spazio-mondo
dove esiste, sotto
ogni sfumatura,
solo l'amore.

TEMPO D'AMARE

Quando la mano di un uomo tocca la mano di una donna,
entrambi toccano il cuore dell'eternità
Khalil Gibran

Tempo d’amore

Oggi
sei tu il mio presente
domani
sarai tu il mio futuro,
e io sento che ora darò tregua
alla mia lotta contro il tempo
perché stai diventando proprio tu,
amore mio,
il mio tempo.

Entità

Tu sei me
io sono te.
E' una condizione solida affermata e presente.
La nostra diversa natura ci fa
interpreti diversi di una stessa parte
la vita è quella che viviamo insieme
nel rimanente siamo attori che interpretano volute aspirazioni.
Io come te sono me stessa sempre
ma solo tra le tue braccia posso
lasciarmi andare e vivere il profondo.
Sempre più spesso sento che la tua entità
non mi abbandona mai
è lì con me ovunque
divide con me ogni istante, ogni attimo
sei la ragione di tutto e
l'amore il nostro alfabeto.

Consapevolezza

Il nostro amore
punto fermo che come una goccia d'acqua
cadendo nel mare si espande fino a farne parte.
Cerchio perfetto
l'inizio determina la fine e la fine determina un inizio
svelando un gran segreto
lasciarci morire per risorgere.
Consapevolezze perdute liberano importanti verità.
Il mio sguardo si perde nell'orizzonte
non mi è dato di conoscere il futuro
ma solo che domani sarà diverso dall'oggi
le notti saranno più belle dei loro giorni,
e nel loro morire per poi rinascere
l'intensità del nostro amore
come una torre arriverà a toccare il cielo
per proseguire oltre.

Sentimento

Oggi vorrei conoscerti più del mio cuore.
A volte alcune sfumature
mi lasciano intravedere particolari
sconosciuti della tua personalità
che come spiragli in uno scrigno
mi fanno intravedere un gran tesoro.
Oggi comprendo che la necessità di comunicarti
emozioni inconsce è un modo per oltrepassare
la barriera di cui ti sei rivestito
e a volte quando i tuoi freni si allentano scopro
un nuovo te stesso.
Oggi nonostante le ferite ancora aperte grazie a te
abbraccio ancora la vita
e provo intense e inaspettate emozioni.
Oggi mentre la nostra unione diventa più presente.
Vera e forte:
lo stacco della lontananza è meno acuto e
sono trasportata in un mondo parallelo,
dove nulla è mutato della mia realtà
ma tutto appare distaccato, meno importante, sfumato.
Oggi sono cambiata lasciando da parte le mie attese
assaporo quello che sarà
consapevole che i sogni sono desideri inconsci di felicità
ma che nella propria armonia la serenità è ovunque.
Oggi sono qui con te, e sono qui
perché non c'è nessun altro luogo in cui vorrei essere

Oggi sei tu la vita e anche una sfida
fatta di speranze e illusioni:
perse e sospese nel mio tempo.
Oggi sento crescere in me un sentimento
e percepisco la sua pienezza:
è come un bocciolo di un fiore
ne sento la forza,la voglia di vivere
la necessità di crescere.
Oggi non mi chiedo se quando sboccerà
lo saprai raccogliere e sentirai il suo profumo:
so che accadrà.

Sorge il sole

Splende il sole
e chiudiamo fuori il mondo:
ci abbandoniamo all'uragano di sentimenti
come travolti da un fiume di passione.
Splende il sole
entro nei suoi occhi,
li osservo,
li leggo.
Splende il sole
mentre mi stringo a lui
per lottare con lui,
condividere le sofferenze
asciugare il suo pianto,
se necessario, morire per lui.
Splende il sole
e mi ritrovo in mezzo al mare
navigo nel profondo del suo cuore
mi addentro nella sua mente
e volo con la sua anima
stimolata da quel dolce vento che l'amore crea.
Splende il sole,
e io,
io sono quel vento.

Vero amore

Le favole sono episodi della nostra realtà:
incontrarti è stato come inserirmi in un incantesimo.
Quando l'amore cresce
ogni giorno si aggiunge qualcosa a quello che già c'è
un viaggio nelle profondità inesplorate rende più consapevole
il far parte di un miracolo.
Voglio meritarmi quest'amore
- esisto solo per questo -
alimentarne l'armonia è lo scopo di tutto.
Mai mi sono sentita così vera,
appagata e felice.

Anima promessa

Infinito amore,
in questo amore mi sono già persa:
perché vivo nella sua luce
perché mi nutro del suo calore
perché quello che provo va al di là
delle mie quotidiane esperienze
è molto più profondo, è di un'intensità sconosciuta:
perché percepisco in tutta la mia persona
un trasporto irrefrenabile e senza via di fuga
una specie di incastro inevitabile e circoscritto
un'attrazione irreversibile.
Perché l'unica cosa che voglio è farti felice
E vivrò in attesa di quel momento
e sento che quando arriverà sarà un altro inizio
perché l'amore genera altro amore.
Sei la fine di un viaggio:
sento di essere rinata da chissà quale passato
per approdare inevitabile, fra le tue braccia.

Beatitudine

Siamo entrati a far parte di un sogno
o un sogno è entrato nella nostra vita
poco importa il conflitto del dubbio
quanto importa provare e sentire che
tutto ciò è decisamente vero
e ancor di più avere la certezza
che nel tempo che verrà
come per i tramonti del giorno e i cieli stellati della notte
il grado di bellezza è quello della visione presente
le parole che ci diremo
non saranno mai le più intense
e le emozioni che proveremo
le più profonde
e sopratutto i momenti che vivremo
i più felici.
La nostra vita come il cielo, le stelle, il mare
saranno per noi come l'amore
sfumature di un paradiso esistente
che stiamo vivendo insieme.

SINTONIA

Tutto ciò che doni
Ti appartiene per sempre in colui che ami
Alessandro Prusso

Sintonia

Comincio ad amarti nella quotidianità
entri lentamente ad impadronirmi dei miei spazi
ed io sono così felice che questo
con la naturalezza che ci accompagna accada.
Faccio sempre più parte di te
mi sono spinta oltre l'incastro
mi sto amalgamando al tuo pensiero recependo sempre più
i tuoi stati d'animo
aumentando la sintonia ti scopro ogni giorno
più ti scopro e inevitabilmente più ti amo.
Le cose si susseguono
sento crescere nella confidenza e nella maggiore intimità
il trasporto che ci lega.
Voglio viverti,
voglio viverti il più possibile.

Io e te

Come un uccello mi ritrovo in volo
dopo che mi hai insegnato a volare;
in mezzo al cielo cerco le correnti ascensionali
per poterti seguire
e quando fra le nuvole
ti perderò nell'orizzonte,
ascolterò il mio cuore,
sicura così sempre
di poterti ritrovare.

Insieme

Oggi ho una sola certezza:
che ti amerò meno di domani.
Oggi vivo la felicità di esistere,
oggi so solo di appartenerti totalmente,
profondamente
e per la prima volta capisco
il vero significato della parola
insieme.

Innamoramento

È iniziata la mia giornata
ma sento ancora intorno a me
svilupparsi e crescere in naturalezza
l'armonia del nostro stare insieme
e nel sottofondo di quest'atmosfera
ascolto le note di una musica sconosciuta ma familiare.
Vorrei restare in solitudine per assaporare
queste vitali sensazioni il più possibile
e trovare un modo in dissolvibile di
imprimerle dentro al mio cuore.
Vorrei poter dipingere nel quadro della nostra vita insieme
le sfumature dei colori che questa storia d'amore mi fa percepire,
recuperare immagini racchiuse chissà dove
ma presenti così da poter dare vita
al luogo incantato dove mi porti
in questo mare di felicità
dove l'espressione del tuo sorriso mi culla.
Quest'illusione sta prendendo sempre più spazio
trascende la realtà donandomi la vera emozione
dell'*inn***amor***amento.*
e nella fede in questo amore che considero vero
desidero regalarti il mio tempo
sapendo che lo utilizzerai per la nostra felicità.

Rivederti

Nei cambiamenti che si compiono
si schiudono sempre nuovi orizzonti
che ci offrono l'opportunità
di scoprire la nostra vera natura.
Ti amo,
so di amarti,
ma quando ti vedo
allora ho la certezza di aver vissuto
ogni attimo della mia vita
per questo momento.
Quello che provo s'innalza sopra a tutto
è un po' come cogliere l'attimo di un miracolo
essere proiettata nello spazio
in comunione con l'inimmaginabile.
Percepire l'atmosfera del tuo amore
mi trasmette il senso effettivo della vita
Non c'è niente di più importante dei momenti
in cui possiamo stare insieme,
momenti in cui dimentico lo scorrere del tempo
dove percepisco che l'amore
è qualcosa di vivo ed è infinita bellezza.
La magia scoperta con te
mi accompagna nelle giornate rincuorandomi
e regalandomi frammenti di sogni:
rivederti.

Serenità

Amarti nell'amore
riuscire a farti felice
non solo in momenti, ma dandoti serenità.
La nostra sintonia si sta avviando
nello spazio temporale
iniziando a far parte
di una costante beatitudine.
Tutto è collegato
non più segmenti consequenziali
ma una linea di verità congiunte
che traccia un nostro percorso.
Tanti fra i nostri desideri
si sono esauditi formando nuovi sogni

Lontananza

Mi manchi,
in alcuni momenti sento mancare il respiro
ho sempre bisogno di te
il tuo pensiero è una medicina ma
non basta a colmare il vuoto che lascia la tua assenza.
Mentre comincio a leggere i tuoi pensieri
un desiderio prende forma e sento che il nostro amore
potrà trionfare sul destino.
Chiudo gli occhi
provo una stretta allo stomaco
una leggera corrente mi attraversa
percepisco la netta sensazione di un tuo lungo bacio
affondo il viso nel tuo collo,
sfioro con le labbra l'incavo della tua spalla
m'inebrio del tuo profumo,
abbandono contro di te il mio corpo
sicura nel rifugio avvolgente delle tue forti braccia
mentre il mondo intorno a me,
lontano, sempre più lontano
continua la sua folle corsa.

È casa,
ed è amore.

Pensieri

Quanto è determinante la tua presenza, il calore del tuo **amore.**
Ho bisogno di abbandonarmi nelle tue forti braccia
perdermi così nelle sensazioni di un paradiso esistente.
Farmi dondolare nel ritmo naturale e
ritornare con te all'inizio della vita
nel luogo dove è permesso dimenticare
per costruire insieme il presente.
Non sei qui,
c'è il tuo pensiero
forte come le tue braccia,
intenso come il tuo profumo,
mi culla,
mi lascio andare
e tutto torna come prima.
No, non è mai uguale
qualcosa può essere cambiato
incontrerò i tuoi occhi e
loro mi parleranno.

Sfumature

Cosa dire a colmare la tua assenza
momenti di riflessione
dove raccolgo un recente passato
rivivo il vissuto con diversa attenzione
e soffermandomi nelle sfumature
ne raccolgo gli attimi più belli,
conclusioni meno affrettate arrivano
leggere come farfalle
e si posano sui boccioli di fiore
che sbocciando danno colore
a un immenso prato verde
dove finalmente felice posso riposare
percependo grazie a te la felicità di esistere.
I pensieri scorrono veloci
parole che non vogliono ripetere altre parole,
vorrei insieme a te,
nel contemplare un tramonto o
cercando una particolare stella nel buio della notte,
intravedere tutta la bellezza di questo nostro
amore.

Litigi

Lati oscuri che come nubi
si diramano nel cielo sereno
portando un po' d'ombra
in questa soleggiata giornata e perché no,
anche un po' di pioggia.
L'importante è che torni sempre
e comunque il sereno.

Non si può conoscere il cielo
senza essere preparati alle tempeste
e senza di esse
non splenderebbe l'arcobaleno.

Sogni

Sento il tuo calore che mi scalda
il tuo pensiero che mi rassicura,
i tuoi consigli mi guidano
dividerli con te mi conforta
mi procura una forza sconosciuta:
con la mia mente in un attimo
mi ritrovo nelle tue braccia
sono di nuovo me
con te
in te
per l'unico intento
l'amore
l'amore per sempre
l'amore del giorno
l'amore agguerrito
che sfida tutto e tutti
per costruire il suo futuro
- dimmi che non sto solo sognando -

L'AMORE

Tre fiammiferi accesi uno per uno nella notte
Il primo per vederti tutto il viso
Il secondo per vederti gli occhi
L'ultimo per vedere la tua bocca
E tutto il buio per ricordarmi queste cose
Mentre ti stringo fra le braccia
Jacques Prevert

Passione

Un sorriso
una frase
un gesto
ed ecco il fuoco nell'anima che brucia,
arde il desiderio
l'unione di corpi
sinergia d'energia
l'oblio incantato.

Ti amo

come può amarti un bambino cresciuto
nella purezza del primo sentimento
con la forza della natura
la resistenza della sopravvivenza
la totalità dello spirito:
sento il tuo abbraccio caldo e avvolgente in ogni istante
dimenticando la mia eterna solitudine:
sono te
sei me
siamo noi.

Futuro

Mi sveglio e ti cerco
ti lascio e vivo soltanto per il momento
in cui ci riabbraccerò.
Tra la gente cerco il tuo sguardo,
quando ho freddo ricordo il tuo calore
rispondo al telefono e spero di sentire la tua voce
nei miei problemi trovo il tuo confronto
riascolto i nostri discorsi
faccio nostre le tue verità
quando volo delimiti i miei spazi,
tutto quello che faccio mi riporta a te
quello che farò ha origine in te:
vivo per percepire l'amore che mi trasmetti
mi scaldi come un fuoco
mi guidi con la tua luce
mi proteggi con la tua forza
mi sento come una larva nel suo bozzolo
un bimbo nel ventre della sua mamma
così protetta, posso lasciarmi solo sempre più andare
e così sentire lo spirito che mi alimenta.
Tra le nostre anime
acquisto le verità più concrete
in tutto ciò che è universale
esisto solo per essere tua
e in beatitudine attendo
momento dopo momento, quel che sarà.

Felicità

Grazie di essere entrato nella mia vita e di avermi dato gioia
grazie perché mi hai regalato la speranza:
grazie a te non temo più il domani.
Grazie perché mi guidi in un futuro che non so prevedere
grazie perché hai sostituito la tristezza con qualcosa di bello;
grazie di amarmi e di accettare in cambio il mio amore
grazie dei ricordi che custodirò per sempre nel mio cuore
ma soprattutto grazie
perché d'ora in poi ascoltando il mare
sentirò la tua voce e
quando una brezza fresca
mi accarezzerà la guancia raccoglierò
un tuo sorriso.

Perdersi

Perdersi in noi
nel nostro amore,
nel rincorrere un sogno,
nel vivere una speranza.
Perdersi senza limiti e condizioni
per ritrovarsi mano nella mano
sogno nel sogno
destino nel destino
a contemplare inseparabilmente la vita
Sapendo che domani sarà diverso da oggi
ma che sarà sempre amore.

Matrimonio

Affiancata dalla consapevolezza dettata dalle esperienze recenti
degli errori inevitabili ed evitabili
opero una scelta cosciente fatta in comune
sulla base di un'ideale.
Fino ad oggi ho lasciato che
istinto e impulso agissero spontaneamente
non subordinando alla riflessione l'orientamento naturale.
Oggi me ne lascio cullare padrona di me stessa
consapevole che tra te e me si sta formando
un amore profondo che ha vita dall'unione
della nostra propria interiorità.
Nel matrimonio
mi lego in modo tale a te da divenire un solo soggetto
per percorrere insieme la strada che non è mai finita.

Famiglia

Fare parte di te è ormai certezza
la nostra favola è diventata vita
il nostro amore un sentimento
ritrovarci un esclusivo piacere
condividere i sogni il nostro futuro
volerci bene un valore.
La volontà di perfezione una speranza
pensieri e parole emozioni che vibrano.
La necessità di ricordare si sta placando
il nostro amore proseguendo oltre ha cancellato la solitudine
ecco affiorare il concetto "famiglia"
brevi momenti, ma sufficienti per comprendere
la profondità e la naturalezza di quel dolce
e tranquillo senso di abbandono latente.
Hai preso tutto,
una dipendenza totale mi lega
in una gabbia di cui non sono prigioniera
sono schiava senza più desideri,
ho tutto
io sono te
tu sei me
scomparso lo stacco, esistono solo i nostri momenti
la serenità del nostro stare insieme
il piacere di ritrovarsi
sono nuova - mi fai rinascere
sono forte - so su chi contare

sono felice - il tuo pensiero mi accompagna
sono appagata - le tue parole mi nutrono.
Ti amo più del passato meno del futuro
ti amo senza più paure e incertezze
ti amo e sento crescere questo trasporto
accompagnato alla felicità di esistere.
Chiudo gli occhi un momento, colgo un tuo sorriso
ascolto la tua voce profonda raccontarmi
i momenti trascorsi lontani
accorciare le distanze per far sì che nulla sfugga
di quello che non riusciamo a vivere insieme.

Sognare

Amore
da tanto vorrei donarti qualcosa
che ti porti con il pensiero a quanto io ti ami.
È una ricerca mai finita, perché per quanto
nulla mi appare così prezioso, significativo o importante,
come trasformarmi nella luce del sole per poterti illuminare
far parte dell'oscurità della notte per vigilare sul tuo riposo
o diventare un angelo per tenere lontano da te qualunque dolore
e nell'essere ciò che posso solo sognare,
scopro d'ascoltare un preludio di emozioni che
potranno solo
essere.

Verità

Le parole sono solo una conseguenza
di quello che noi proviamo già.
L'amore potenzialmente non ha un limite
e soprattutto non ha un indice di misura
se è vero, è profondo esiste e basta.
L'amore procede con noi
o lo abbracciamo e ci lasciamo trasportare
dalla sua corrente o
ne restiamo ai margini
per mancanza di coraggio e inconsce paure.
L'amore non si trasforma siamo noi
che dobbiamo farci prendere per mano.
La misura in cui ci concediamo non ci salva
dalle delusioni e dalle sofferenze eventuali e future
non è il modo giusto per difenderci
e comunque è inutile.
L'amore è eterno, ma non sempre facciamo nostra questa verità,
anche perché, in fondo, non lo conosciamo veramente.
L'amore non s'insegna dietro un banco di scuola
e al contrario delle usuali esperienze
tentiamo di sciuparlo dandolo spesso per scontato.
L'amore per esistere veramente deve avere due componenti:
non può vivere in solitudine.
L'amore è un regalo divino e come tale ci avvicina a Dio.
L'amore è l'essenza della felicità,
è il piacere di dare e di esprimere il meglio di noi.

L’amore è giusto, siamo noi a sbagliare.
L’amore non muore mai,
siamo noi che spesso ci perdiamo.
L’amore è un’assoluta verità
ma possiamo dire lo stesso di noi stessi.
L’amore oggi - per me - sei tu
e sento che sarà così anche domani,
nel nostro domani.

L'amore

processo invisibile
non più emozioni
che come leggere brezze
si susseguono ma
naturale inclinazione
del nostro essere.
Appartenendoci completamente
scopriamo la nostra
frontiera
nell'equilibrio
di un rigore assoluto
dove le vere regole
non compaiono mai.
Nei dettagli noi nascondiamo universi:
sentiamo con gli occhi
vediamo con le mani.
Niente più è indispensabile
nulla è incontentabile
tutto quello che serve
lo abbiamo dentro noi.
L'amore
non una definizione
ne un'affermazione
meravigliosamente puro
incredibilmente vero
perché Lui, sa di esistere.

CENNI BIOGRAFICI

Sono nata ad Algeri (quando l'Algeria era ancora francese) il 24 maggio del 1958. Mio padre era un legionario della Legione straniera e mia madre era figlia di un generale dell'aviazione francese.

Come contrasto non era male, e di conseguenza la cosa migliore che ho potuto fare nella mia vita è stat quella di scappare di casa appena compiuto il mio 18 compleanno (le prime valigie).

Ovviamente per riuscire a vivere mi sono resa indipendente economicamente molto presto (studiavo e lavoravo) e quindi se il lavoro nobilita beh, io in fondo qualche titolo lo pure acquisito (molto virtualmente).

Poi mi sono sposata, separata, divorziata e risposata, una figlia legittima e due acquisiti. Insomma, non ho perso tempo. Ho moltissime passioni, molti interessi e altrettanti sogni.

Vivo a Milano ma in realtà, sono sempre in viaggio. Adoro l'Africa, e ho una casa in Kenia dove conto di ritirarmi e dedicarmi agli altri, infatti ho un bellissimo progetto per il mio futuro e...oltre.

La felicità non è una meta di arrivo
ma un modo di viaggiare
Christiane

Christiane Casazza

NOTA CRITICA

Merito della Casazza è quello di appropriarsi di parole semplici per esprimere precipizi ed altalene, voli e profondità, echi e maree dell'anima.

Il suo linguaggio quindi, è semplice ma incredibilmente efficace, la musicalità dei versi non appare forse subito eppure solo dopo ci accorgiamo di come siano intessuti sotto di essi i fili attenti di seta dell'anima. In essi tutto acquista visione chiara seppur profonda, che lascia risposte e conforto dell'averle trovate.

È qualcosa che dall'anima parla ad altre anime dicendo loro "non sei il solo a sentirti così, e insieme forse capiremo meglio il perché, o comunque conosceremo meglio, riconoscendoli, questi moti dell'anima, queste ansie dell'esistenza, i nostri spettri che sono anche i nostri echi proprio per sentirci vivi."

Il gusto per la bellezza, che caratterizza la vita dell'autrice ed è sempre stato terreno del suo percorso professionale, diviene qui nella poesia squisita sensibilità e attenzione, cura, verso tutto ciò che potrebbe in qualche modo incrinare la bellezza del vivere quotidiano. Ed è tacita ma al tempo stesso ardente speranza, il suo verso, d'incontrare ascolto e abbraccio d'altra anima. Così come nella poesia "Incontro".

È coraggio, il suo poetare, teso a volere esprimere senza cianfrusaglie, come a denudarsi e mostrarsi all'altro così come si è, vivendo pienamente se stessi seppur nel conflitto interiore, a volte. Coraggio che diventa passione e amore, e che in essi ancora si esprime, come la scelta di "essere vento", senza temere d'abbandonarsi agli uragani dei sentimenti pur di seguire il sole, senza temere di navigare nel mare dell'anima e di scendere nelle sue profondità immergendosi ("Sorge il sole"). Amore che diviene "tempo", poiché tutto in esso ha preso, con la forza di un "Incantesimo".

L'io esce dall'ego e incontra così l'altro, per divenire "noi". La gioia, l'appagamento della lealtà dell'altro, intreccia fra le anime un discorso profondo, aiuta a riscoprire se stessi e crea quell'unione salda, tenace, ricca di fiducia, "non più per scelta ma quale irrinunciabile condizione dell'esistenza". ("Riflessione")

Una dimensione unica e totalmente appagante, "uno spazio-mondo" nel quale esiste, "sotto ogni sfumatura, solo l'amore" ("Frontiera").

Fondersi nel corpo dell'amato e incorporarsi nei suoi pensieri, in questo dare e darsi scevro da ogni egoismo. Per scoprire che in quell'appartenere all'altro si è ritrovati se stessi. ("Poesia")

Poiché questo forte desiderio, divenuto a un certo punto necessità, di comunicare emozioni inconsce è il mezzo con cui si riesce a oltrepassare le barriere dell'altro("Sentimento") ed alimentare l'armonia di quest'unione diviene lo scopo principale ("Vero amore"). L'anima dell'amato è allora il punto d'arrivo di un viaggio onesto, d'un passo incessante che non ha mai preteso da se stesso altro che conoscere. ("Anima promessa").

Ci si apre così senza riserve all'amore che è "totalità di spirito", balsamo che a un certo punto diviene in grado di cancellare completamente la propria "eterna solitudine". ("Ti amo")

È lì che la parola "insieme" diviene "certezza"("Insieme"), poiché l'amore trasmette il vero senso del vivere("Rivederti") essendo un cielo nel quale si conosce anche attraverso i giorni bui e le tempeste ("Litigi").

La gratitudine somiglia a una “brezza fresca” che carezza la guancia (“Felicità”), poiché nell’amore si scopre la verità concreta di ciò che è universale(“Futuro”).

È un atto di affidamento totale amare, un atto di grande saggezza, poiché “l’amore è giusto, siamo noi a sbagliare”, siamo noi a perdere noi stessi, e amare superficialmente o con delle remore non può garantirci l’assenza di dolore (“Verità”).

Elena Condemi

INDICE

III° Tempo d'amare

VI° Sintonia

V° L'amore

Tra la partenza e l'arrivo
non so mai veramente
cosa sto cercando
e neanche cosa alla fine troverò.

Copertina a cura di
Ksenja Laginja

www.ksenjalaginja.com

Terminato di stampare,
a Genova,
nel mese di Agosto 2012

www.ingramcontent.com/pod-product-compliance
Ingram Content Group UK Ltd.
Pitfield, Milton Keynes, MK11 3LW, UK
UKHW020238250726
13967UKWH00001B/438

9 781291 044942